Tarta
FIESTA
INFANTILES

KÖNEMANN

Consejos útiles para la decoración de pasteles y tartas

Los procesos de elaboración y decoración de pasteles son realmente divertidos. Si sigue algunos consejos básicos, le resultará más sencillo y obtendrá excelentes resultados.

◆ Prepare todos los ingredientes y utensilios necesarios antes de empezar a hornear y decorar.
◆ Utilice moldes de la forma y el tamaño adecuados. Las medidas indicadas en este libro corresponden a las de los bordes de los moldes.
◆ Prepare los moldes antes de empezar. Úntelos con aceite o con mantequilla derretida; forre la base y las paredes con papel y engráselo.
◆ Precaliente el horno a 180°C.
◆ Trabaje sobre una placa amplia, de forma que quede bastante espacio alrededor del pastel. Una placa de porexpan sería idónea.
◆ Puede forrar la placa con papel de aluminio, celofán o papel de regalo.

◆ Para forrar una placa redonda, corte un círculo de papel de diámetro 5 cm superior al de la placa. Unte la superficie lisa de la placa con pegamento, colóquela sobre el reverso del papel y ejerza presión para que se adhiera. Haga cortes en el papel que sobresale a intervalos de 2 cm. Dóblelo y péguelo al dorso de la placa con cinta adhesiva. Corte otro círculo de papel y péguelo al dorso de la placa.

◆ Para forrar una placa cuadrada o rectangular, corte un trozo de papel 5 cm más grande que ésta. Unte con pegamento la superficie lisa de la placa,

Murciélago espeluznante, pág. 28

colóquela sobre el reverso del papel y ejerza presión. Doble las esquinas con firmeza hacia el dorso de la placa y péguelas con cinta adhesiva. Corte un cuadrado o un rectángulo de papel y péguelo al dorso.
◆ Hornee los pasteles durante el tiempo de cocción indicado o hasta que al insertar una brocheta en el centro del pastel, ésta salga limpia.

Bizcocho básico
150 g de mantequilla
¾ taza de azúcar extrafino
3 huevos
1 cucharadita de sucedáneo de esencia de vainilla
1⅔ tazas de harina de fuerza
⅓ taza de leche

Atención: Retire siempre las brochetas de los pasteles antes de servirlos. No utilice nunca palillos para unir las diferentes partes de los pasteles, puesto que podrían quedar ocultos y algún niño podría lastimarse.

1 Precaliente el horno a 190°C. Unte el molde con aceite o mantequilla fundida. (Consulte la tabla de moldes en esta página.) Forre la base y las paredes con papel y engráselo.
2 Con la batidora eléctrica, bata la mantequilla y el azúcar en un cuenco pequeño hasta que resulte ligera y cremosa. Agregue los huevos gradualmente, batiendo bien después de cada adición. Añada la esencia y bata hasta que la mezcla sea homogénea.
3 Incorpore la harina tamizada, alternando con la leche, y remueva hasta que la mezcla resulte homogénea y poco grumosa, pero sin trabajarla demasiado.
4 Vierta la mezcla a cucharadas en el molde y nivele la superficie. Métalo en el horno durante 35 minutos o hasta que al insertar una brocheta en el centro del bizcocho, ésta salga limpia.
5 Déjelo en el molde unos 5 minutos y, a continuación, vuélquelo sobre una rejilla para que se enfríe.

El bizcocho se puede preparar hasta con 3 meses de antelación. Consérvelo envuelto con film transparente en el congelador. Cuando vaya a utilizarlo, sáquelo del congelador, retire el film transparente y espere 10 minutos antes de cortarlo. Espere 15 minutos más antes de decorarlo. Puede congelar los trozos de bizcocho restantes y usarlos en otros postres.

Glaseado esponjoso

1¼ tazas de azúcar extrafino
½ taza de agua
3 claras de huevo

1 Mezcle el azúcar y el agua en un cazo pequeño y caliéntelo a fuego lento sin dejar de remover hasta que hierva y el azúcar se disuelva. Deje hervir, destapado y sin remover, 5 minutos.
2 Con la batidora eléctrica, monte las claras a punto de nieve en un cuenco seco.
3 Vierta el almíbar caliente lentamente sobre las claras, sin dejar de batir, hasta que aumente de volumen y se vuelva espeso y brillante.

Crema básica

125 g de mantequilla
1⅓ tazas de azúcar glas
1 cucharada de leche
1 cucharadita de agua

1 Bata la mantequilla en un cuenco pequeño hasta que resulte ligera y cremosa.
2 Incorpore gradualmente el azúcar tamizado, la leche y el agua, y bata 5 minutos o hasta que la mezcla quede fina, ligera y cremosa.

Utilice un paquete de 340 g de preparado para bizcocho o un bizcocho básico de las cantidades indicadas para los siguientes moldes:	
17/20/23 cm	molde para tartas redondo y hondo
15/19/23 cm	molde para tartas cuadrado y hondo
20 cm	molde en forma de corona
30 x 20 cm	molde para tartas rectangular y plano
21 x 14 x 7 cm	molde para pan hondo
25 x 15 x 5,5 cm	molde para pan plano
2 – 26 x 8 x 4,5 cm	moldes alargados
30 x 25 x 2 cm	molde para brazo de gitano plano
5 tazas de capacidad	molde para pudding
5 x 1 taza de capacidad	moldes para timbales

Use dos paquetes de 340 g de preparado para bizcocho o un bizcocho básico con el doble de las cantidades indicadas para estos moldes:	
28/30 cm	molde para tartas redondo y hondo
7 tazas de capacidad	molde para pudding
9 tazas de capacidad	molde para pudding
10 tazas de capacidad	molde para pudding

Tambor

1 placa forrada
2 bases de bizcocho redondas de 20 cm, compradas
¼ taza de mermelada de fresa
2 x crema básica
colorante alimentario verde
1,5 m de lazo verde
manga pastelera grande
boquilla del nº 2
dulces de regaliz
perlas dulces de colores
2 palillos chinos

1 Unte una base de bizcocho con la mermelada y cúbrala con la otra base. Colóquelo sobre la placa.
2 Tiña la mitad de la crema de color verde claro. Divida el resto de la crema en dos partes, reserve una de ellas y tiña la segunda de verde oscuro. Extienda la crema sin teñir sobre el pastel y la crema verde claro por los laterales.
3 Corte el lazo a trozos y dispóngalos en zigzag por los laterales del pastel.
4 Con un cuchillo afilado, corte los dulces de regaliz en trozos iguales y colóquelos por los laterales. Introduzca la crema verde oscuro en la manga y decore el borde superior del tambor. Forre los palillos con papel de aluminio y clave dos caramelos en los extremos. Acabe de decorar el pastel según la ilustración.

> **CONSEJO**
> Al teñir la cobertura, tenga en cuenta que basta con muy poquito colorante y que el color se oscurece al reposar. Empiece con una o dos gotas de colorante, mezcle bien y vaya añadiendo gotas si es necesario.

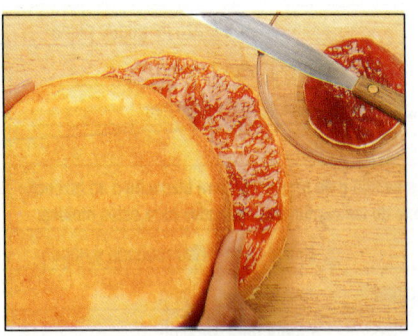

1. Unte una base de bizcocho con la mermelada de fresa y cúbrala con la otra base.

2. Extienda la crema sin teñir sobre el pastel y la crema verde claro por los laterales.

Tartas de Fiesta Infantiles

3. Corte el lazo a trozos de una medida adecuada y dispóngalos en zigzag por los laterales.

4. Decore los laterales del tambor con trocitos de dulces de regaliz.

5

TARTAS DE **F**IESTA **I**NFANTILES

Osito de peluche

1 placa forrada
1 bizcocho (elaborado en un molde para pudding con 9 tazas de capacidad)
1 bizcocho (elaborado en un molde para pudding con 5 tazas de capacidad)
2 brazos de gitano (de 300 g cada uno), comprados
2 bizcochitos rellenos de mermelada, comprados
2 galletas de chocolate
1 x glaseado esponjoso
colorante alimentario de color caramelo
tiras de regaliz
golosinas variadas
35 cm de lazo

1 Recorte 3 cm de un extremo del bizcocho grande y 1 cm del opuesto. Colóquelo en la placa sobre el extremo más recortado.
2 Recorte 1 cm del bizcocho pequeño y únalo al cuerpo con brochetas. Recorte un trozo de 3 cm de cada brazo de gitano y déjelos aparte. Una las patitas al cuerpo. Reserve 1 taza de glaseado y tiña el resto.
3 Cubra el pastel con el glaseado teñido. Clave las orejas del osito con brochetas. Con un tenedor, extienda el glaseado reservado por la barriga, la cabeza y las patitas, tal y como muestra la ilustración.
4 Acabe de decorar el pastel según la ilustración.

1. Recorte los dos extremos del bizcocho más grande.

2. Ensamble las diferentes partes del pastel con brochetas.

3. Unte la barriga, la cabeza y las patitas con el glaseado blanco.

4. Decore el osito con las galletas, las golosinas y el lazo.

CONSEJO
Aunque aquí se ha optado por un glaseado de color tradicional para este osito, puede emplear cualquier otro color (azul, rojo, verde...) o incluso decorarlo a rayas o a topos. La decoración de pasteles es un arte creativo, así que déjese llevar por la imaginación. No existe ninguna razón por la que este osito de peluche no pueda ser una osita. Utilice un glaseado rosa, un lazo rosa más oscuro y palomitas de maíz amarillas a modo de cabello.

Tartas de Fiesta Infantiles

Tartas de Fiesta Infantiles

Señor Huevo

1 placa forrada
1 base de bizcocho redonda
  de 20 cm, comprada
1 bizcocho (elaborado en
  un molde para pan de
  25 x 15 x 5,5 cm)
2 x crema básica
colorantes alimentarios
  amarillo y color caramelo
500 g de galletas de
  chocolate rectangulares
golosinas variadas
50 cm de lazo de colores

1 Con un cuchillo afilado, recorte los bordes de la base de bizcocho para darle forma de huevo.
2 Coloque este bizcocho sobre el alargado, uniéndolos con brochetas. Divida la crema en dos partes iguales, tiña una de ellas de amarillo y la otra, de color caramelo.
3 Recubra la pared de bizcocho con la crema de color caramelo, excepto por la base. Disponga las galletas de chocolate por toda la pared, de forma que encajen a modo de ladrillos. Recubra bien el bizcocho en forma de huevo con la crema amarilla.
4 Decore la cara del huevo con las golosinas, como muestra la ilustración. Por último, adórnelo con un lazo grande de colores.

1. Recorte la base de bizcocho para darle forma de huevo.

2. Ensamble este bizcocho y el alargado con brochetas.

3. Disponga las galletas por la pared a modo de ladrillos.

4. Decore la cara del huevo con las golosinas.

Consejo
Este es uno de los pasteles más sencillos, por lo que es ideal para principiantes. Los niños también pueden ayudar en la elaboración de este pastel para su propia fiesta o para la de algún hermano menor.
Antes de decorar el pastel, asegúrese de que la crema básica está a temperatura ambiente. Si está demasiado fría, tendría que presionar con más fuerza para extenderla y podría estropear el pastel.

TARTAS DE **F**IESTA **I**NFANTILES

Payaso

1 placa forrada
1 bizcocho redondo y grueso de 23 cm
1 bizcocho (elaborado en un molde para pudding con 5 tazas de capacidad)
1 magdalena grande
250 g de bizcochitos rellenos de mermelada
2 x crema básica
colorantes alimentarios rosa, negro, azul, amarillo, violeta y verde
2 mangas pasteleras pequeñas
2 ojos de plástico
regalices retorcidos
1 nube de azúcar tostada
golosinas variadas

1 Coloque el bizcocho redondo sobre la placa. Recorte 1 cm de un extremo del bizcocho en forma de pudding y únalo por dicho extremo a la base con brochetas.
2 Recorte en diagonal un trozo de 1 cm de un lado de la cabeza; ahí colocará el sombrero. Corte los bizcochitos por la mitad. Divida la crema en tres porciones. Reserve una cucharada de la primera porción, tíñala de gris oscuro y tiña el resto de esta porción de rosa intenso. Tiña 2/3 de la segunda porción de rosa pálido y el tercio restante, de azul. Divida la tercera

1. Acople la cabeza a la base con brochetas.

2. Cubra los bizcochitos con crema de colores.

3. Dibuje los labios con crema de color rosa intenso.

4. Coloque la magdalena a modo de sombrero y decore la cara.

porción en tres partes y tíñalas de amarillo, violeta y verde respectivamente. Cubra la base con 2/3 de la crema rosa intenso y la cabeza, con la crema rosa pálido. Cubra los bizcochitos con crema de colores y dispóngalos tal y como muestra la ilustración.

3 Con las mangas pasteleras, dibuje los labios de rosa intenso y la sonrisa de gris oscuro.
4 Cubra la magdalena con crema azul y acople el sombrero a la cabeza con brochetas o con crema. Ponga los ojos al payaso y termine de decorar el pastel, según la ilustración.

Tartas de Fiesta Infantiles

Tartas de Fiesta Infantiles

Dados del abecedario

1 placa forrada
2 bizcochos cuadrados y gruesos de 23 cm
2 x crema básica
colorantes alimentarios rosa, amarillo, verde, melocotón y violeta
manga pastelera grande
boquilla acanalada del n° 9
caramelos de colores

1 Extienda un poco de crema sobre uno de los bizcochos y cúbralo con el otro. Recorte los bordes y corte el pastel en cuatro cuadrados.
2 Divida la crema de cobertura en seis porciones. Tiña dos de rosa y cada una de las restantes de un color diferente. Cubra cada cara de los dados con crema de un color distinto.
3 Introduzca una porción de crema rosa en la manga pastelera y decore las aristas con un ribete.
4 Disponga cuidadosamente los dados como muestra la ilustración y decórelos con las letras.

> **Consejo**
> Estos dados pueden decorarse de muchas otras maneras. Con la manga pastelera, puede dibujar caras, personas, objetos o animales. También puede elaborar dibujos abstractos con glaseado o con golosinas variadas, o formar números. Incluso los niños pueden decorarlos a su gusto. Es importante que coloque los dados sobre la placa antes de realizar los últimos dibujos, ya que si los mueve después podría estropear la decoración.

1. *Extienda un poco de crema sobre uno de los bizcochos y cúbralo con el otro.*

2. *Cubra cada cara de los dados con crema de un color diferente.*

Tartas de Fiesta Infantiles

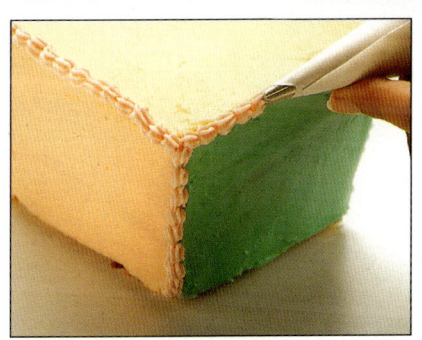

3. Decore las aristas de los dados con un ribete de crema de color rosa.

4. Disponga los dados sobre la placa y forme las letras con los caramelos de colores.

13

Tartas de Fiesta Infantiles

1. *Cubra el pastel cuadrado con crema y luego con fideos de colores.*

2. *Dibuje radios de crema sin teñir y cubra cada sección resultante con crema de colores.*

Caja sorpresa

1 placa forrada
2 bizcochos cuadrados y gruesos de 23 cm
2 bases de bizcocho redondas de 20 cm, compradas
2 x crema básica
fideos de colores
colorantes alimentarios azul, violeta, naranja, amarillo y rojo
manga pastelera grande
manga pastelera pequeña
boquilla lisa de 5 mm
tiras de regaliz
golosinas variadas
nubes de azúcar

1 Extienda un poco de crema sobre uno de los bizcochos cuadrados, cúbralo con el otro y dispóngalos sobre la placa. Divida la crema de cobertura en dos porciones. Reserve ⅔ de taza de una de las porciones para la cara y cubra el pastel cuadrado con el resto. Con un cuchillo grande de hoja ancha, recubra luego el pastel con fideos de colores.
2 Divida la crema restante en cuatro porciones y tiña cada una de un color distinto (excepto de rojo). Dibuje radios de crema sin teñir sobre una de las bases de bizcocho y cubra las secciones resultantes alternando colores, como muestra la ilustración.
3 Coloque este bizcocho sobre la base cuadrada. Corte los regalices en tiras y decore con regaliz y con las nubes de azúcar, como muestra la ilustración.
4 Una la cabeza a la base redonda con brochetas. Tiña la crema reservada de amarillo y cubra con ella la cabeza. Tiña de rojo dos cucharaditas de crema amarilla y dibuje los labios con una manga pastelera. Termine de decorar el pastel según la ilustración.

3. Decore la base redonda con tiras de regaliz y trozos de nubes de azúcar.

4. Disponga la cabeza del muñeco sobre la base, cúbrala con crema y decórela.

Tartas de Fiesta Infantiles

Números del 1 al 10

A continuación se presentan algunas ideas para pasteles de cumpleaños, de elaboración rápida y sencilla, para niños de 1 a 10 años. Tome las ideas aquí presentadas como punto de partida y dé rienda suelta a su imaginación.

TARTAS DE FIESTA INFANTILES

Tartas de Fiesta Infantiles

1 placa forrada
2 bizcochos alargados de 26 x 8 x 4,5 cm
1 x crema básica
colorante alimentario amarillo
alubias de golosina

1 Disponga un bizcocho sobre la placa. Corte el otro en dos y use una mitad como base del número uno.
2 Corte una esquina de la otra mitad para formar la parte superior del número y monte el pastel como muestra el gráfico.
3 Tiña de amarillo la crema y cubra el pastel.
4 Decore la parte superior del pastel con las alubias de golosina.

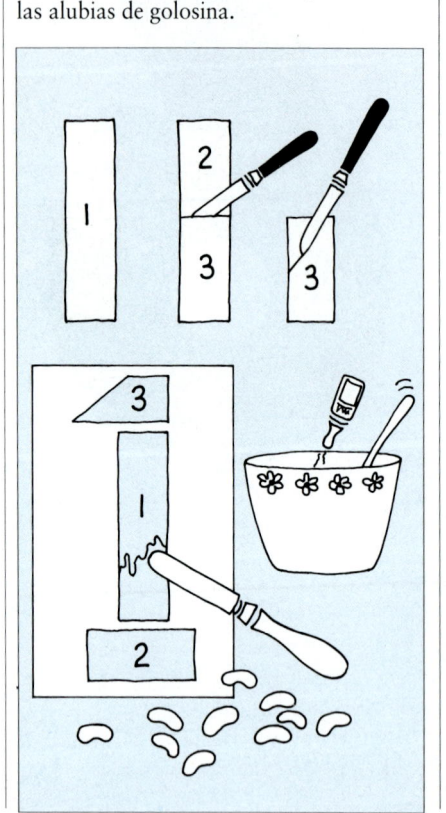

1 placa forrada
1 bizcocho alargado de 26 x 8 x 4,5 cm
1 bizcocho en forma de corona de 20 cm
3 bizcochitos rellenos de mermelada
1 x glaseado esponjoso
colorante alimentario rosa
6 nubes de azúcar blancas
1 dulce de regaliz

1 Corte ¼ del bizcocho alargado y resérvelo. El trozo largo será la base del dos.
2 Corte un quinto del bizcocho en forma de corona y disponga las piezas sobre la placa como muestra el gráfico. Para crear el pico coloque dos bizcochitos en ángulo y el tercero encima a modo de pirámide.
3 Tiña $2/3$ de taza del glaseado de rosa oscuro y dos cucharadas de rosa pálido.
4 Decore el pastel como en la ilustración.

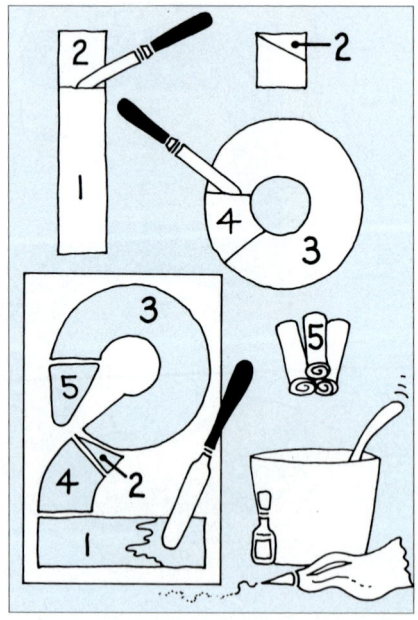

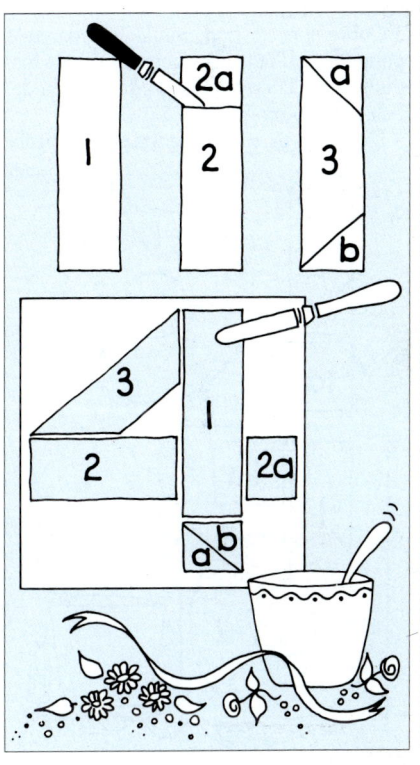

Tartas de Fiesta Infantiles

1 placa forrada
2 bizcochos en forma de
   corona de 20 cm
1 x crema básica
colorantes alimentarios
   rojo y negro
golosinas variadas
regalices
coco rallado y picado

1 placa forrada
3 bizcochos alargados de
   26 x 8 x 4,5 cm
1 x glaseado esponjoso
colorante alimentario
   azul
perlas dulces plateadas
ramillete pequeño de
   flores secas
lazo

1 Corte un cuarto de uno de los bizcochos, resérvelo y coloque el resto sobre la placa como base del número tres. Corte un tercio del segundo bizcocho y recórtelo un poco para que encaje con la base. Móntelo tal y como muestra el gráfico.
2 Corte tres semicírculos de los trozos de bizcocho sobrantes para los ratones.
3 Divida la crema de cobertura en dos porciones. Reserve una, tiña ½ taza de la segunda porción de gris y el resto de rojo.
4 Decore el pastel según la ilustración.

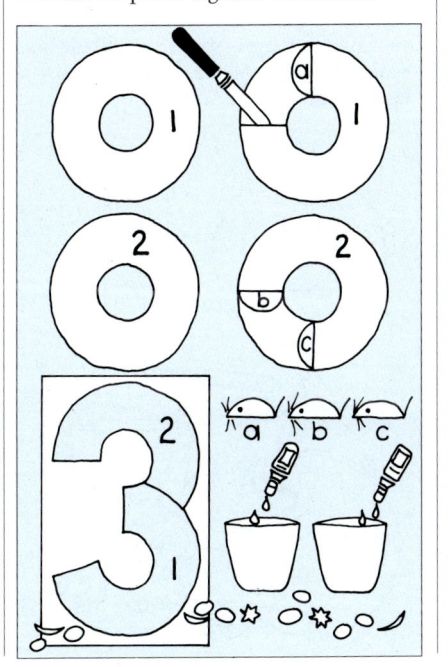

1 Coloque uno de los bizcochos sobre la placa. Corte un cuarto del segundo bizcocho y resérvelo. Recorte en diagonal los dos extremos del bizcocho restante.
2 Monte el pastel según el gráfico.
3 Tiña el glaseado de azul celeste y cubra la parte superior y los laterales del pastel.
4 Decore el pastel según la ilustración.

TARTAS DE FIESTA INFANTILES

1 placa forrada
1 bizcocho alargado de 26 x 8 x 4,5 cm
1 bizcocho en forma de corona de 20 cm
1 x crema básica colorante alimentario amarillo
250 g de galletas de chocolate rectangulares
tiras de regaliz
1 manga pastelera con boquilla lisa del nº2

1 Corte ⅓ del bizcocho alargado y ¼ del redondo. Monte el pastel según el gráfico.
2 Reserve 2 cucharadas de crema y tiña el resto de amarillo.
3 Cubra el pastel con crema amarilla. Disponga las galletas por encima y dibuje los puntos con la crema reservada a modo de fichas de dominó.
4 Disponga trozos de regaliz por el borde.

1 brazo de gitano relleno de mermelada (300 g)
1 x crema básica regaliz retorcido en trozos de 1 cm
dulces de regaliz
colorantes alimentarios verde y violeta
boquilla lisa del nº 2
2 mangas pasteleras de papel

1 placa forrada
1 bizcocho en forma de corona (20 cm)

1 Coloque el bizcocho redondo sobre la placa. Corte en diagonal 2 cm de un extremo del brazo de gitano y 4 cm del otro extremo. Éste último será la cabeza.
2 Monte el pastel tal y como muestra el gráfico. Coloque la cabeza sobre la base redonda, con la cara cortada hacia abajo.
3 Reserve ½ taza de crema y tiña el resto de verde intenso. Tiña de violeta 2 cucharaditas de crema y el resto de verde claro.
4 Cubra el pastel con crema verde intenso. Con las mangas pasteleras, dibuje las escamas de la serpiente de verde claro y las cejas de violeta. Acabe de decorarlo.

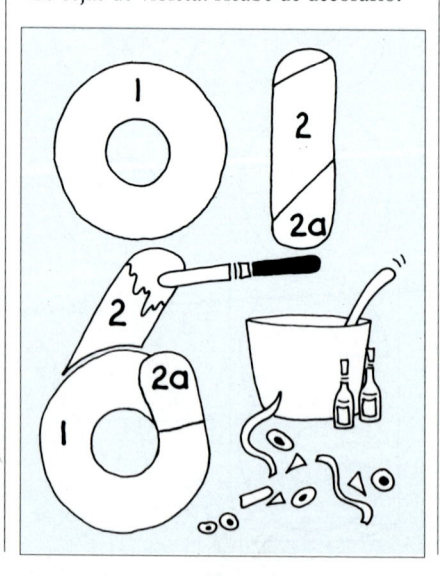

Tartas de Fiesta Infantiles

Tartas de Fiesta Infantiles

1 placa forrada
2 bizcochos alargados de 26 x 8 x 4,5 cm
1 x crema básica
colorantes alimentarios naranja y caramelo
boquilla acanalada del nº12
2 mangas pasteleras
golosinas variadas
dulces de regaliz

1 Coloque uno de los bizcochos sobre la placa, como parte superior del número siete. Redondee el extremo de la nariz y recorte dos pequeñas curvas en el lado izquierdo y en el derecho.
2 Corte en diagonal 1 cm de cada extremo del segundo bizcocho. Utilice uno de los triángulos resultantes para montar el pastel tal y como muestra el gráfico.
3 Reserve 1 taza de crema, tiña el resto de color caramelo y cubra con ella el pastel. Tiña la crema reservada de naranja y forme las manchas del caballo con la manga pastelera. Tiña la crema restante de naranja oscuro y bordee las manchas.
4 Forme la crin con trozos de regaliz y termine de decorar según la ilustración.

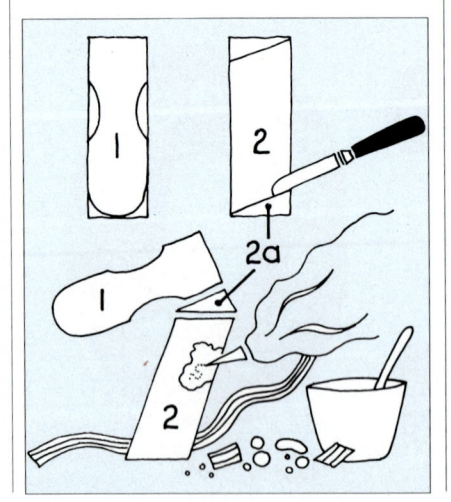

1 placa forrada
2 bizcochos en forma de corona de 20 cm
2 x crema básica
colorante alimentario azul
tiras de regaliz
1 trenecito de juguete

1 Recorte 2 cm de la base de cada bizcocho y únalos como muestra el gráfico.
2 Tiña la crema de azul y cubra con ella la parte superior y los laterales del pastel.
3 Corte los regalices en tiras finas y forme las vías del ferrocarril de una anchura igual a la del trenecito.
4 Termine el pastel tal y como muestra la ilustración.

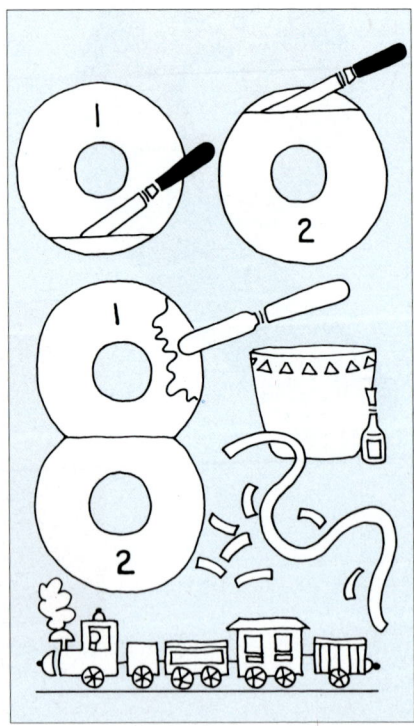

Tartas de Fiesta Infantiles

de 26 x 8 x 4,5 cm
2 x crema básica
colorantes alimentarios azul y naranja
manga pastelera de papel
boquilla lisa del nº2
⅓ taza de hojas de caramelo de menta
4 nubes de azúcar
2 cucharadas de fideos amarillos
golosinas variadas

1 placa forrada
1 bizcocho en forma de corona de 20 cm
1 bizcocho alargado

1 Coloque el bizcocho en forma de corona sobre la placa. Corte en diagonal un extremo de 4 cm del bizcocho alargado y cúrvelo ligeramente para que encaje con el otro bizcocho. Tiña ½ taza de la crema de color naranja y el resto de azul.
2 Cubra el pastel con crema azul.
3 Con la manga pastelera, dibuje pétalos de crema naranja como en la ilustración.
4 Corte las nubes de azúcar por la mitad y déles forma de pétalos con los dedos. Decórelos con fideos y complete el pastel.

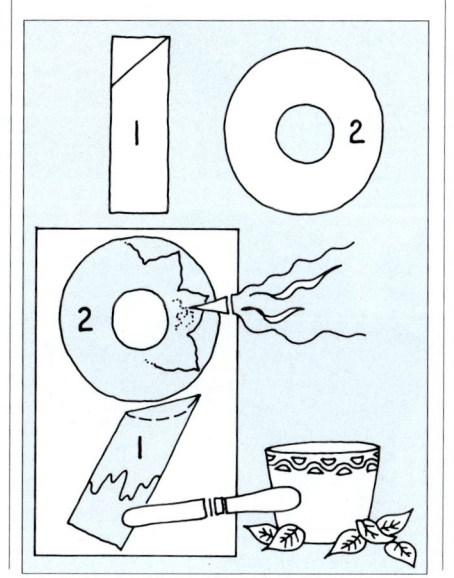

de corona (20 cm)
2 magdalenas
2 x crema básica
colorantes alimentarios rojo y negro
manga pastelera
boquilla lisa del nº2
10 pastillas de menta
perlas dulces plateadas
50 cm de lazo rojo rizado

1 placa forrada
2 bizcochos alargados de 26 x 8 x 4,5 cm
1 bizcocho en forma

1 Coloque un bizcocho alargado de lado sobre la placa. Disponga una magdalena en cada extremo para formar el auricular. Corte el segundo bizcocho alargado en dos y congele una de las mitades.
2 Divida la otra mitad en dos. Corte también por la mitad el bizcocho en forma de corona y monte el pastel según el gráfico.
3 Tiña de negro 3 cucharadas de la crema y el resto de rojo. Cubra el pastel de rojo.
4 Con la manga pastelera, dibuje números de crema negra sobre las pastillas de menta y termine de decorar el pastel.

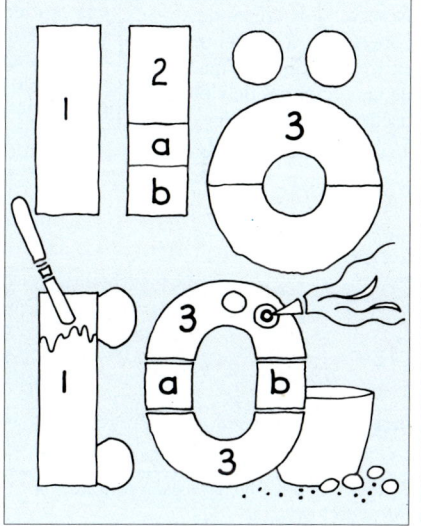

Pirata

1 placa forrada
1 bizcocho rectangular de 30 x 20 cm
1 base de bizcocho redonda de 20 cm, comprada
2 x crema básica
colorantes alimentarios violeta, caramelo y marrón
1 manga pastelera pequeña
1 manga pastelera grande
boquilla acanalada del nº 22
20 palillos
1 galleta redonda cubierta de chocolate
perlas dulces plateadas
tiras de regaliz
golosinas variadas

1 Recorte el bizcocho rectangular para darle la forma del sombrero.
2 Colóquelo sobre la placa. Reserve 1/3 de crema de cobertura y divida el resto en tres porciones. Tiña una de las porciones de violeta oscuro, otra de color caramelo y la tercera de marrón. Cubra el sombrero con crema violeta.
3 Una la cabeza al sombrero y cubra ésta con crema de color caramelo. Introduzca la crema marrón en la manga pastelera grande con boquilla acanalada y forme el pelo del pirata.
4 Sujete todos los palillos juntos, sumerja los extremos en colorante marrón y dé toquecitos en la barbilla del pirata como muestra la ilustración. Introduzca la crema sin teñir en la manga pastelera pequeña y dibuje la calavera y el ojo derecho. Termine de decorar.

Consejo
Añada el colorante a la cobertura de forma gradual. Para teñir pequeñas cantidades, utilice la punta de una brocheta. Un cuentagotas es más apropiado para mayores cantidades.

1. Recorte el bizcocho rectangular para darle la forma del sombrero.

2. Coloque el sombrero en la placa preparada y cúbralo con crema violeta.

Tartas de Fiesta Infantiles

3. Una la cara, cúbrala con crema color caramelo y forme el cabello con crema marrón.

4. Decore la cara con las golosinas y use los palillos para dibujar la barba.

Muñeca fantasía

1 placa forrada
1 bizcocho (elaborado en un molde para pudding con 10 tazas de capacidad)
2 x crema básica
colorantes alimentarios rosa y amarillo
perlas dulces plateadas y rosas
muñeca de 15 cm
40 cm de puntilla
12 rosas de raso rosa
boquillas del nº5 y del nº20
3 mangas pasteleras de papel pequeñas

1 Recorte la superficie del bizcocho y adhiéralo al centro de la placa con crema. Firmemente, pero con cuidado, introduzca la muñeca hasta la cintura en el bizcocho. Tiña 1/3 de la crema de amarillo, 1/3 taza de rosa claro y el resto de rosa intenso.
2 Marque las enaguas en el bizcocho con una brocheta. Introduzca la crema amarilla en una manga con boquilla del nº20 y elabore los festones formando filas sucesivas desde la base.
3 Cubra el resto del pastel con crema rosa intenso. Utilice la boquilla nº5 de la manga pastelera para decorar el corpiño de rosa intenso y los bordes del vestido de rosa claro.
4 Decore el pastel según la ilustración y, por último, coloque la puntilla.

1. Introduzca con firmeza la muñeca en el pastel.

2. Forme los festones de las enaguas, empezando por la base.

3. Cubra el resto del pastel con crema de color rosa intenso.

4. Por último, coloque la puntilla alrededor del vestido.

Consejo
Para fabricar una manga pastelera de papel pequeña necesitará una hoja de papel encerado de 30 x 30 cm, y de 30 x 40 cm para una manga grande. Dóblelo por la mitad longitudinalmente y sostenga el borde doblado con en la mano izquierda, mientras dobla y enrolla con la derecha para formar un cono. Grápelo o use cinta adhesiva. Introduzca la crema en la manga a cucharadas y presione hacia la punta. Enrolle el extremo abierto y corte la punta. Al trabajar con la manga pastelera presione de forma lenta y constante.

Tartas de Fiesta Infantiles

Murciélago espeluznante

1 placa forrada
1 bizcocho redondo y grueso de 28 cm
1 cortapastas redondo de 6 cm
1 x glaseado esponjoso
colorante alimentario negro
manga pastelera pequeña
boquilla del n°2
golosinas variadas

1 Corte el bizcocho por la mitad y, a continuación, corte tres semicírculos en el borde recto de cada bizcocho con el cortapastas.
2 Disponga las alas del murciélago sobre la placa. Una dos semicírculos para formar el cuerpo según muestra la ilustración. Tiña 1 taza de glaseado de negro y el resto de gris oscuro. Cubra la parte superior del pastel con glaseado gris y, con un tenedor, dé una textura rugosa al glaseado de las alas. Reserve 2 cucharadas de glaseado negro y extienda el resto por la parte inferior de las alas.
3 Introduzca el glaseado negro en la manga pastelera y perfile el murciélago.
4 Con un par de brochetas, una dos golosinas a la cabeza a modo de orejas. Termine de decorar el pastel como en la ilustración.

Consejo
Utilice un cuchillo de sierra para recortar la superficie y los bordes de los bizcochos. Dé la vuelta al bizcocho, ya que la base tiene una aspecto más liso y uniforme. Puede preparar los pasteles hasta con 3 meses de antelación y congelarlos ya con la cobertura. Decórelos el mismo día de la fiesta.

1. Con el cortapastas, corte tres semicírculos en el borde recto de cada medio bizcocho.

2. Monte el pastel sobre la placa y cubra la parte superior del mismo con glaseado gris oscuro.

Tartas de Fiesta Infantiles

3. Introduzca el glaseado negro en la manga pastelera y perfile las alas y el cuerpo del murciélago.

4. Decore la cara como en la imagen. Para las orejas, una 2 golosinas a la cabeza con brochetas.

TARTAS DE FIESTA INFANTILES

Roberto el robot

1 placa forrada
1 bizcocho (elaborado en un molde para pan de 21 x 14 x 7 cm)
1 brazo de gitano de 300 g, comprado
2 x crema básica
colorantes alimentarios rojo, verde, naranja y violeta
4 piruletas
2 antenas de chocolate
golosinas variadas
2 mangas pasteleras pequeñas
boquilla del nº2

1 Coloque de pie el bizcocho sobre la placa y recorte un poco la base si fuera necesario. Corte una porción de 3 cm del brazo de gitano y córtela por la mitad para formar los pies. Dispóngalos como muestra la ilustración.
2 Para formar la cabeza, corte una porción de 6 cm del brazo de gitano. Divida la crema en dos partes. Tiña una parte de rojo, deje sin teñir ½ taza, tiña 3 cucharadas de verde, 1 cucharada de naranja y el resto de violeta. Cubra el cuerpo con crema roja y los pies, con violeta. El panel de control será un rectángulo de crema sin teñir en el centro del cuerpo. Cubra la cabeza con crema blanca y únala al cuerpo con brochetas o con crema.

1. Disponga porciones de brazo de gitano en la base como pies.

2. Cubra las diferentes partes con crema y acople la cabeza.

3. Con una manga con boquilla, decore el cuerpo con cenefas.

4. Clave dos piruletas a cada lado a modo de brazos.

3 Con una manga pastelera sin boquilla dibuje la boca y líneas naranjas en el panel de control. Dibuje cenefas de crema verde en el panel de control, los pies y alrededor de la cara, con una manga con boquilla.
4 Disponga las piruletas como brazos, las antenas y termine de decorar.

Consejo
Extienda un poco de crema sobre la placa preparada y coloque el pastel encima, para evitar así que éste resbale al decorarlo, moverlo o guardarlo.

Tartas de Fiesta Infantiles

Nave espacial

1 placa forrada
1 bizcocho redondo y grueso de 30 cm
1 x glaseado esponjoso
colorantes alimentarios amarillo limón, amarillo huevo, rojo y negro
1 tira de regaliz
3 mangas pasteleras de papel pequeñas
2 nubes de azúcar cubiertas de chocolate
perlas dulces plateadas
4 piruletas
golosinas variadas

1 Corte un segmento de 8 cm de la base del bizcocho y pártalo en dos.
2 Coloque las dos mitades sobre la placa, a ambos lados del resto de bizcocho, como muestra la imagen.
3 Tiña ¼ de taza de glaseado de rojo y otro ¼ de taza de negro. Reserve 1 cucharada de glaseado sin teñir.

Divida el glaseado restante en dos porciones, tiña una de amarillo limón y la otra de amarillo huevo. Cubra el cuerpo principal de la nave con glaseado amarillo limón y utilice el amarillo huevo para la base.
4 Introduzca el glaseado negro y el rojo en sendas mangas pasteleras y decore la nave según la ilustración. Corte el regaliz en tiras de 3 mm de ancho y dispóngalas sobre la nave, así como las nubes de azúcar y las piruletas. Dibuje la cara de los astronautas con glaseado blanco y acabe de decorar el pastel.

Consejo
A veces necesitará mangas pasteleras para decorar el pastel. Puede usar mangas de papel de un sólo uso o, si lo prefiere, mangas de tela o de plástico.

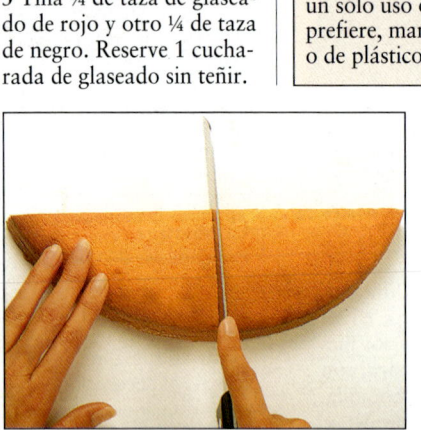

1. Corte una porción de la base del bizcocho y divida el segmento resultante por la mitad.

2. Coloque los dos trozos a ambos lados del resto de bizcocho.

Tartas de Fiesta Infantiles

3. Cubra la mitad superior de la nave con glaseado amarillo limón y la base con amarillo huevo.

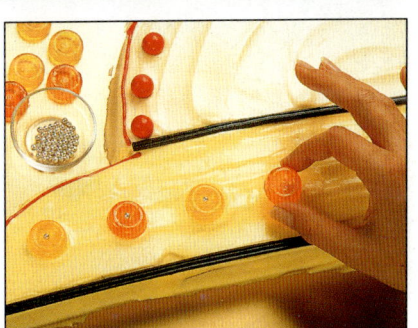

4. Decore la nave con la manga pastelera, los astronautas, las piruletas y las golosinas.

33

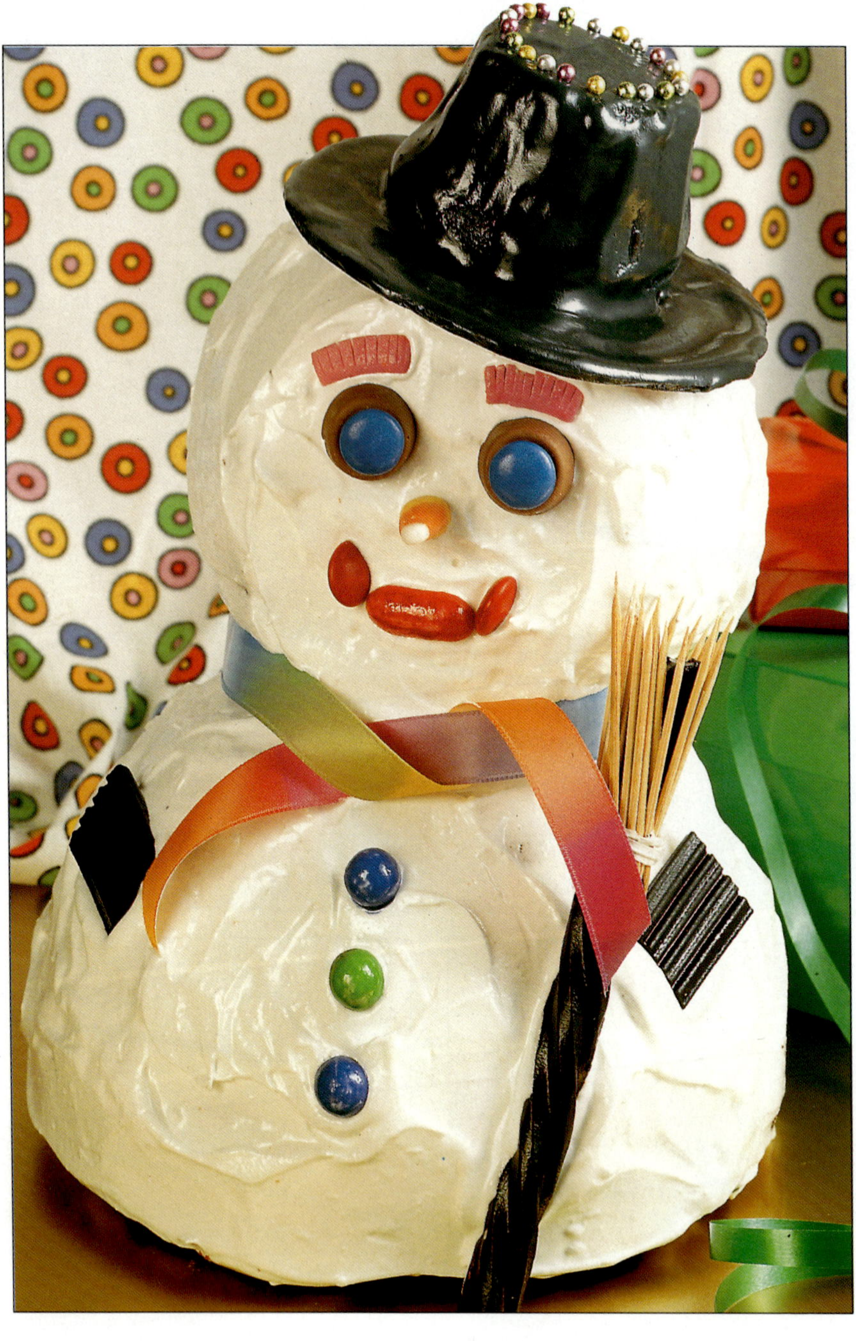

Muñeco de nieve

1 placa forrada
1 círculo de cartón de
   12 cm de diámetro
1 bizcocho (elaborado en un
   molde para pudding con
   9 tazas de capacidad)
1 bizcocho (elaborado en un
   molde para pudding con
   5 tazas de capacidad)
1 magdalena grande
1 x glaseado esponjoso
colorante alimentario negro
perlas dulces de colores
golosinas variadas
regaliz retorcido
palillos
goma elástica
50 cm de lazo

1. Forme una corona a partir del círculo de cartón.

2. Cubra la cabeza y el cuerpo con glaseado blanco.

3. Para hacer el sombrero, ponga la magdalena sobre la corona.

4. Prepare la escoba con el regaliz y los palillos.

1 Recorte un círculo de 4 cm del centro del círculo de cartón de 12 cm para obtener una corona. Disponga el bizcocho grande sobre la placa. Coloque a su lado el pequeño, recorte un trozo de 2 cm y acople la cabeza al cuerpo con brochetas o con crema.
2 Tiña 1 taza de glaseado de color negro y deje el resto blanco. Extienda el glaseado blanco de forma irregular sobre el muñeco.
3 Cubra con glaseado negro una cara de la corona de cartón y la magdalena. Para hacer el sombrero, coloque la corona sobre la cabeza del muñeco y, a través del hueco de la misma, acople la magdalena con brochetas.
4 Decore el sombrero con perlas de colores y el resto del muñeco con las golosinas. En último lugar, colóquele el lazo holgado alrededor del cuello. Para preparar la escoba, ate los palillos alrededor de un extremo del regaliz con la goma elástica.

Consejo
Los cuchillos de hoja plana o las espátulas de metal, de plástico o de goma son idóneos para extender el glaseado. Utilice un tenedor para formar remolinos, crear líneas o efectos especiales sobre el glaseado.

Tartas de Fiesta Infantiles

1. Corte la parte superior del bizcocho alargado en forma de tejado y póngalo sobre el otro bizcocho.

2. Sitúe las porciones de brazo de gitano en cada extremo de la base y extienda la crema de cobertura.

Arca de Noé

1 placa forrada
1 bizcocho (elaborado en un molde para pan plano de 25 x 15 x 5,5 cm)
1 bizcoho alargado de 26 x 8 x 4,5 cm
1 brazo de gitano con miel (300 g), comprado
2 x crema básica
colorantes alimentarios naranja, rosa y violeta
400 g de tronquitos de regaliz cubiertos de chocolate
200 g de barquillos de rellenos
30 g de grageas de chocolate
golosinas variadas
animales de juguete

1 Recorte las esquinas del bizcocho elaborado en el molde para pan. Recorte longitudinalmente la parte superior del bizcocho alargado para crear el tejado de la cabina. Colóquelo a lo largo del centro de la base de bizcocho.
2 Corte dos porciones de 5 cm del brazo de gitano y coloque una en cada extremo de la base de bizcocho. Divida la crema en tres partes; tiña una de naranja, otra de rosa y otra de violeta. Utilice la crema naranja para cubrir los laterales del arca, la rosa para la cubierta y la violeta para la cabina.
3 Disponga los barquillos sobre el tejado.
4 Cubra la base del arca con los tronquitos de regaliz y termine de decorar el pastel según la ilustración.

Consejo
Podrá encontrar bizcochitos rellenos de mermelada, brazos de gitano, magdalenas y galletas o golosinas variadas en los supermercados.

3. Disponga los barquillos rellenos a modo de tejado de la cabina.

4. Cubra los laterales del arca con los tronquitos de regaliz y decore con golosinas y animales.

Tartas de Fiesta Infantiles

Bruja Pirula

1 placa forrada
1 bizcocho rectangular y fino de 30 x 20 cm
1 bizcocho cuadrado y grueso de 23 cm
1 x glaseado esponjoso
colorantes alimentarios naranja, violeta, verde y azul
2 mangas pasteleras de papel pequeñas
1 pasa y pasas de Corinto
tiras de regaliz variadas
golosinas variadas

1 Corte el bizcocho rectangular para formar el sombrero y el cuadrado para la cabeza, tal y como muestra la ilustración.
2 Monte el perfil de la bruja sobre la placa. Tiña la mitad del glaseado de naranja, 3 cucharadas de violeta para los labios, 1 cucharada de verde para las venas del ojo y el resto de azul para el sombrero.
3 Con una espátula, extienda el glaseado azul sobre el sombrero y el naranja sobre la cara.
4 Pinte los labios con una manga pastelera. Use golosinas apropiadas para los dientes y el ojo, y pinte las venas de éste con la otra manga. Las pasas de Corinto serán las verrugas de la barbilla y una pasa servirá de lunar sobre la nariz. Decore con cabello de regaliz e insectos de golosinas.

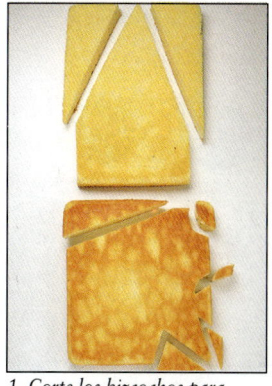

1. Corte los bizcochos para formar el sombrero y la cabeza.

2. Ensamble las piezas sobre la placa preparada.

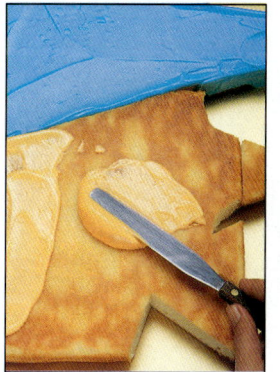

3. Cubra el sombrero con glaseado azul y la cara con naranja.

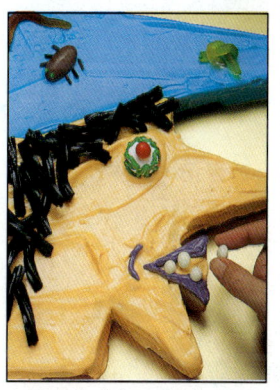

4. Pinte los labios, añada el ojo, los dientes, el pelo y decore.

Consejo
Para decorar algunos pasteles necesitará boquillas para la manga pastelera. Se venden en los grandes almacenes y en tiendas de menaje. Si utiliza una boquilla, corte 1 cm de la punta de la manga antes de rellenarla. Inserte a continuación la boquilla y luego introduzca a cucharadas la crema o glaseado. Las coberturas teñidas oscurecen al reposar, por lo que debe teñirlas siempre primero de un tono más claro de lo que crea necesario.

Tartas de Fiesta Infantiles

Dulce Dulcinea

1 placa forrada
1 base de bizcocho redonda de 20 cm, comprada
1 bizcocho rectangular de 30 x 20 cm
2 bizcochitos rellenos de mermelada, comprados
2 porciones de 4 cm de brazo de gitano relleno de mermelada, comprado
2 x crema básica
colorantes alimentarios rosa y verde
2 tazas de palomitas de maíz de colores
2 nubes de azúcar tostadas
golosinas variadas
perlas dulces rosas
20 cm de puntilla y 2 lazos
ojos de plástico

1 Coloque el bizcocho redondo en la parte superior de la placa. Recorte el bizcocho rectangular para darle forma de vestido, según la ilustración, y luego ensamble la cabeza, el cuerpo y las extremidades.
2 Reserve ½ taza de crema sin teñir para los pies. Tiña 1 taza de crema de color rosa para la cara y los brazos, y el resto de verde para el vestido. Cubra las diferentes partes con la crema correspondiente.
3 Disponga las palomitas a modo de cabello.
4 Use las nubes de azúcar como manos y termine de decorar el pastel.

1. Recorte el bizcocho rectangular y ensamble todas las piezas.

2. Cubra cada parte con la crema del color correspondiente.

3. Disponga las palomitas de colores a modo de cabello.

4. Decore los pies con los lazos.

Consejo
Disponga siempre el pastel en la posición final antes de empezar a decorarlo. Si intenta mover el pastel ya decorado, podría estropearlo. Es recomendable cubrir la placa de trabajo con papel de aluminio, ya que esta superficie se puede limpiar fácilmente si se ensucia durante la preparación del pastel. Si hace calor y ha preparado el pastel con antelación, métalo en la nevera, pues algunos ingredientes podrían derretirse.

Tartas de Fiesta Infantiles

Gato simpático

1 placa forrada
1 bizcocho redondo y grueso de 30 cm
1 x glaseado esponjoso
colorantes alimentarios rosa, caramelo y negro
2 mangas pasteleras de papel pequeñas
tiras de regaliz
2 nubes de azúcar blancas, anchas
caramelos negros

1 Recorte el bizcocho para formar la silueta del gato, como en la ilustración, y dispóngalo sobre la placa.
2 Tiña 2 cucharadas de glaseado de rosa pálido, 2 cucharadas de negro y ½ taza de caramelo oscuro. Reserve 2 cucharadas de glaseado y tiña el resto de caramelo claro. Con una brocheta, marque en el bizcocho el hocico del gato, introduzca el glaseado blanco en una manga pastelera y dibújelo encima. Pinte la boca de rosa.
3 Cubra el hocico con glaseado caramelo oscuro y la nariz con negro. Cubra el resto con glaseado caramelo claro y pinte dos triángulos rosas en las orejas.
4 Perfile el hocico y la boca con glaseado negro, como muestra la ilustración. Forme los bigotes y las cejas con trozos de regaliz. Las nubes de azúcar serán los ojos y los caramelos negros, las pupilas.

Consejo
Si los niños se lo piden, deje que le ayuden a decorar el pastel. Seguramente el resultado final no será tan profesional, aunque a los niños les encantará y estarán orgullosos de su contribución.

1. Recorte el bizcocho para formar la silueta del gato y dispóngalo sobre la placa preparada.

2. Marque el hocico y dibújelo con glaseado blanco. Pinte la boca de rosa.

Tartas de Fiesta Infantiles

3. Cubra el hocico con glaseado caramelo oscuro, la nariz con negro y el resto, con caramelo claro.

4. Perfile el hocico y la boca con glaseado negro y decore el pastel con el regaliz y las golosinas.

43

Parfait perfecto

1 placa forrada
1 bizcocho rectangular de 30 x 20 cm
4 magdalenas
1 x glaseado esponjoso
colorantes alimentarios amarillo, violeta, caramelo y rosa
golosinas variadas y bolitas de colores

1 Recorte el bizcocho rectangular en forma de copa alta de parfait y colóquelo sobre la placa. Disponga las magdalenas encima de la copa, tal y como muestra la ilustración. Corte una de ellas a trozos para dar un aspecto más realista a las bolas de helado.
2 Reserve 1 taza de glaseado, tiña 1/3 de taza de violeta, otro 1/3 de rosa, 1/4 de taza de caramelo y el resto de amarillo. Cubra la base de la copa con glaseado color caramelo.
3 Extienda el glaseado de colores sobre el pastel, como muestra la ilustración. Cubra las magdalenas con glaseado blanco, dándoles un aspecto irregular.
4 Espolvoree las magdalenas con las bolitas de colores y decore la copa con las golosinas, como en la ilustración. Si lo prefiere, puede emplear golosinas de colores diferentes al glaseado.

1. Recorte el bizcocho y complete con las magdalenas.

2. Cubra la base de la copa con glaseado color caramelo.

3. Cubra con glaseado el resto de la copa y las magdalenas.

4. Decore el pastel con las golosinas y las bolitas de colores.

Consejo
Introduzca coco rallado o picado en una bolsa de plástico y añada una gota de colorante alimentario. Use guantes finos desechables para distribuir el color con los dedos hasta obtener la tonalidad deseada, añadiendo más colorante en caso necesario. Podrá obtener efectos muy interesantes si utiliza coco rallado multicolor. Para tostar coco picado, espárzalo sobre una placa y métalo en el horno o bajo el grill a temperatura media 5 min. o hasta que se dore, removiendo regularmente.

45

Tartas de Fiesta Infantiles

1. Recorte un poco los lados y redondee los extremos del bizcocho para dar forma al cuerpo.

2. Coloque en el lugar indicado la magdalena, las porciones de brazo de gitano y los bizcochitos.

Perro callejero

1 placa forrada
1 bizcocho (elaborado en un molde para pan plano de 25 x 15 x 5,5 cm)
1 magdalena grande
1 brazo de gitano de 250 g
4 bizcochitos rellenos de mermelada, comprados
2 x crema básica
colorante alimentario color caramelo
½ taza de cacao en polvo, tamizado
tiras de regaliz
1 cucharadita de coco picado
golosinas variadas

1 Coloque el bizcocho boca arriba y redondee los extremos, como muestra la ilustración. Recorte un ángulo curvado de cada lado para dar forma al cuerpo.
2 Dispóngalo sobre la placa preparada. Recorte la magdalena y únala al cuerpo a modo de cabeza. Corte 4 porciones de 2 cm del brazo de gitano y disponga dos de ellas a modo de patas traseras. Los bizcochitos rellenos harán las veces de patas delanteras y de extremos inferiores de las patas traseras. Corte las otras dos porciones de brazo de gitano por la mitad. Coloque dos mitades a modo de orejas y otra mitad a modo de rabo.
3 Reserve 2 cucharadas de crema de cobertura y tiña ⅔ de la crema de color caramelo. Mezcle el resto con el cacao hasta que resulte fino. Cubra el pastel con la crema color caramelo.
4 Extienda la crema con cacao sobre el lomo y la cabeza. Con un tenedor, distribuya la crema marrón y la blanca por otras partes del cuerpo. Decore según la ilustración; use el regaliz para el collar y coco picado para los bigotes.

3. Cubra todo el pastel con la crema de color caramelo.

4. Con un tenedor, distribuya la crema marrón y la blanca. Decore con el regaliz y el coco picado.

Conejo sorpresa

1 placa forrada
1 bizcocho rectangular de 30 x 20 cm
1 bizcocho cuadrado y grueso de 23 cm
1 x glaseado esponjoso
colorantes alimentarios negro y rosa
100 g de nubes de azúcar rosas, a rodajas
tiras de regaliz
golosinas variadas
1 manga pastelera de papel pequeña

1. Forme el conejo y el sombrero a partir de los dos bizcochos.

2. Cubra el sombrero con glaseado negro y el conejo con gris.

3. Use el glaseado rosa para los detalles de las orejas y la cara.

4. Decore el pastel con las nubes de azúcar y las golosinas.

1 Forme la cabeza del conejo a partir del bizcocho rectangular y el sombrero a partir del cuadrado, como muestra la ilustración. (Fíjese que el conejo está saliendo del sombrero colocado al revés.) Ensamble los bizcochos sobre la placa. Divida el glaseado en dos; tiña 1 parte de negro, ⅓ taza de rosa pálido y el resto, de gris claro.
2 Extienda uniformemente el glaseado negro sobre el sombrero y cubra la cabeza del conejo de glaseado gris.
3 Rellene la manga pastelera con el glaseado rosa y pinte las orejas y las cejas.
4 Forme hileras de nubes de azúcar sobre el sombrero. Decore la cabeza del conejo según la ilustración: use tiras de regaliz para los bigotes y otras golosinas apropiadas.

Consejo
Utilice un cuchillo afilado para cortar las golosinas cubiertas de azúcar o de chocolate. Para cortar regaliz, nubes de azúcar, lazos, trenzas o puntillas, es preferible emplear unas tijeras. La elección de las golosinas para decorar los pasteles es un proceso divertido que pondrá a prueba su ingenio. Tanto las palomitas de maíz como los regalices son idóneos para el cabello. Los ojos pueden confeccionarse con nubes de azúcar blancas y grageas de chocolate para el iris.

Tartas de Fiesta Infantiles

Tartas de Fiesta Infantiles

1. Corte el bizcocho alargado longitudinalmente y en diagonal para formar el tejado.

2. Cubra la base con crema verde, la casa con crema melocotón y el tejado con la amarilla.

50

Tartas de Fiesta Infantiles

Casita de caramelo

1 placa forrada
1 bizcocho rectangular de 30 x 20 cm
1 bizcocho cuadrado y grueso de 23 cm
1 bizcocho alargado de 26 x 8 x 4,5 cm
2 x crema básica
colorantes alimentarios amarillo, melocotón, verde y violeta
250 g de chocolatinas rellenas de menta
tiras y dulces de regaliz
barritas de golosina
bolitas de colores
galletas y golosinas variadas

1 Coloque el bizcocho rectangular sobre la placa. Corte el bizcocho cuadrado en dos, disponga una mitad sobre la otra y póngalo en el centro del bizcocho de base. Corte el bizcocho alargado en diagonal y sitúelo sobre la casa a modo de tejado.
2 Divida la crema en tres porciones. Reserve 1 cucharada de crema blanca, tiña una porción de amarillo, otra de melocotón y el resto de verde. Extienda la crema verde sobre la base, la crema melocotón sobre la casa y, por último, la amarilla sobre el tejado. Tiña la crema amarilla sobrante de violeta y úsela para decorar con cortinas las ventanas de barquillo.
3 Corte las chocolatinas por la mitad en sentido diagonal y dispóngalas sobre el tejado, tal y como muestra la ilustración.
4 Monte las escaleras con barritas de golosina y disponga dulces de regaliz alrededor de la base. Para hacer la puerta principal, cubra un barquillo relleno con la crema blanca reservada y espolvoréela con bolitas de colores. No olvide la chimenea.

3. Disponga sobre el tejado las tejas de chocolatinas rellenas de menta.

4. Utilice golosinas apropiadas para las escaleras, la verja, la puerta principal y la chimenea.

Mentosaurio

1 placa forrada
2 bizcochos redondos de 23 cm
2 x crema básica
colorantes alimentarios verde y rojo
manga pastelera pequeña
1 taza de botones de chocolate con leche, cortados por la mitad
100 g de hojas de caramelo de menta
golosinas para las garras, los ojos y las cejas

1 Corte uno de los bizcochos por la mitad y recorte dos semicírculos del lado recto de cada uno, tal y como muestra la ilustración.
2 Corte el otro bizcocho según la fotografía.
3 Monte el cuerpo del dinosaurio sobre la placa, sin unir la cabeza. Reserve ⅓ taza de crema y tiña el resto de verde. Tiña 3 cucharaditas de crema de rojo y deje el resto sin teñir.
4 Cubra todo el pastel con la crema verde. Una la cabeza al cuerpo con brochetas y recúbrala también. Con un tenedor, extienda la crema sin teñir al azar sobre el pastel. Dibuje la boca con crema roja. Decore el dinosaurio con las hojas de menta cortadas longitudinalmente, los botones de chocolate y el resto de golosinas.

> **CONSEJO**
> Utilice caramelos de goma en forma de serpiente, labios o alubias rojas para las bocas. Los regalices pueden servir como bigotes negros, mientras que puede recurrir al coco picado para los blancos. Las pestañas y las cejas se pueden formar con trocitos finos de regaliz.

1. Corte un bizcocho por la mitad y recorte luego dos semicírculos de cada parte con un cortapastas.

2. Corte el otro bizcocho como muestra la fotografía para formar el centro del cuerpo del dinosaurio.

Tartas de Fiesta Infantiles

3. Monte el pastel y cúbralo con crema verde. Una luego la cabeza con brochetas y recúbrala.

4. Con un tenedor, extienda la crema sin teñir al azar sobre el pastel. Complete el dinosaurio.

53

Tartas de Fiesta Infantiles

Ratón sonriente

1 placa forrada
1 bizcocho redondo y grueso de 30 cm
2 x crema básica
colorantes alimentarios negro, rojo y amarillo
2 mangas pasteleras pequeñas
boquilla lisa del nº2
¾ taza de fideos de chocolate
6 galletas de chocolate redondas y grandes
1 ciruela pasa
1 nube de azúcar rosa grande
caramelos para los ojos

1 Recorte con esmero un trozo del bizcocho para formar la nariz, como muestra la ilustración. Coloque el trozo sobrante a modo de barbilla del ratón y monte el pastel sobre la placa.
2 Tiña ¼ de taza de la crema de color negro, ⅓ de taza de rojo y el resto de amarillo. Extienda la crema amarilla por toda la cara con una espátula para que quede lisa. Marque la zona del cabello con una brocheta y espolvoréela generosamente con fideos de chocolate.
3 Introduzca la crema roja en una manga pastelera, dibuje la boca primero y luego rellénela. Forme cada oreja con tres galletas de chocolate y dispóngalas en su lugar. Con la otra manga y la crema negra, dibuje los ojos, las cejas, las pestañas y la nariz.
4 Coloque la ciruela en la punta de la nariz del ratón, rellene los ojos con caramelos y disponga la nube de azúcar sobre la mejilla.

1. Recorte un trozo de bizcocho y colóquelo a modo de barbilla.

2. Cubra la cara con crema y esparza los fideos de chocolate.

3. Con la manga pastelera, dibuje la boca, los ojos y la nariz.

4. Concluya con los ojos, las orejas y la nariz.

Consejo
Para preparar un pastel con la forma de un personaje de dibujos animados, cálquelo primero y luego simplifíquelo, conservando sus rasgos característicos. Emplee los colores propios del personaje.

Oruga presumida

1 placa forrada
500 g de bizcochitos rellenos de mermelada
1 magdalena grande
1 x glaseado esponjoso
colorantes alimentarios melocotón y verde
alubias de golosina
caramelos de colores
ojos de plástico
labios de gominola
palomitas de maíz de colores
20 cm de lazo de colores

1 Disponga los bizcochitos sobre la placa para formar el cuerpo serpenteante de la oruga. Sitúe la magdalena en un extremo a modo de cabeza. Tiña ¼ de taza de glaseado de verde y el resto de color melocotón.
2 Cubra bien con el glaseado melocotón la hilera de bizcochitos y el lateral de la magdalena. Extienda el glaseado verde sobre la cabeza de la oruga.
3 Decore el cuerpo con caramelos de colores vistosos y disponga pares de alubias de golosina a intervalos para formar las patitas.
4 Decore la cabeza con los ojos, los labios, el cabello de palomitas y, por último, el lazo.

Consejo
La preparación de este pastel es especialmente sencilla, puesto que los bizcochos necesarios son comprados y se evita la fase de horneado. Sólo tendrá que preparar el glaseado. Este pastel es tan sencillo que incluso algunos niños podrían prepararlo.

1. Disponga los bizcochitos para formar el cuerpo serpenteante y la magdalena como cabeza.

2. Cubra bien todo el cuerpo y el lateral de la cabeza con el glaseado color melocotón.

TARTAS DE FIESTA INFANTILES

3. Decore el cuerpo de la oruga con caramelos y cubra la cabeza con glaseado verde.

4. Disponga los ojos, los labios, el cabello de palomitas y, por último, el lazo.

Tartas de Fiesta Infantiles

1. Introduzca el coco y 2 gotas de colorante verde en una bolsa de plástico y presione con los dedos.

2. Coloque un bizcocho al lado del otro sobre la placa y cubra el pastel con crema de color verde.

Campo de fútbol

1 placa forrada
2 bizcochos rectangulares de 30 x 20 cm
1 x crema básica
colorante alimentario verde
½ taza de coco rallado
manga pastelera pequeña
boquilla del nº2
porterías y jugadores de fútbol de plástico

1 Coloque un bizcocho al lado del otro. En una bolsa de plástico, mezcle el coco con dos gotas de colorante presionando con los dedos. Tiña la crema, excepto ¼ de taza, de verde claro.
2 Cubra el pastel de verde.
3 Coloque un molde de 30 x 20 cm sobre el pastel y espolvoree los bordes con el coco. Retire el molde.
4 Dibuje las líneas del campo con la crema reservada. Ponga encima los juguetes.

3. Espolvoree con el coco teñido los bordes del campo.

4. Con la manga pastelera, dibuje las líneas del campo. Disponga los jugadores y las porterías.

Tres en raya

![icon]

1 placa forrada
2 bizcochos (elaborados en un molde para brazo de gitano de 30 x 25 x 2 cm), sin enrollar
1 x crema básica
colorantes alimentarios rosa y violeta
tiras de regaliz
250 g galletas con cobertura
barritas de golosina
grageas de chocolate
manga pastelera pequeña

1 Coloque un bizcocho encima del otro. Tiña 1 cucharada de crema de color violeta y el resto de rosa intenso. Extienda la crema rosa uniformemente sobre la superficie del pastel.
2 Corte el regaliz en tiras largas y finas, y dispóngalas sobre el pastel para delimitar el tablero, como muestra la ilustración.
3 Decore las casillas con cruces de barritas y círculos de grageas de chocolate.
4 Unte el dorso de las galletas con crema y dispóngalas por el borde del pastel. Rellene la manga pastelera con la crema violeta y escriba algún mensaje en una esquina, como "tú ganas" o "felicidades".

Consejo

También puede elaborar otros juegos de mesa: las damas, con galletas como fichas; la escalera, con escaleras de regaliz y serpientes de caramelo de goma; el chaquete o el ajedrez, con fichas de plástico o de golosina...

1. Coloque un bizcocho encima del otro y cubra la superficie del pastel con crema rosa.

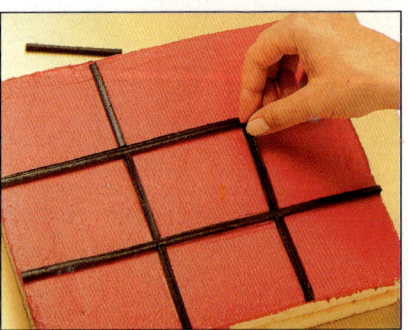

2. Disponga tiras largas y finas de regaliz sobre el pastel para delimitar el tablero.

Tartas de Fiesta Infantiles

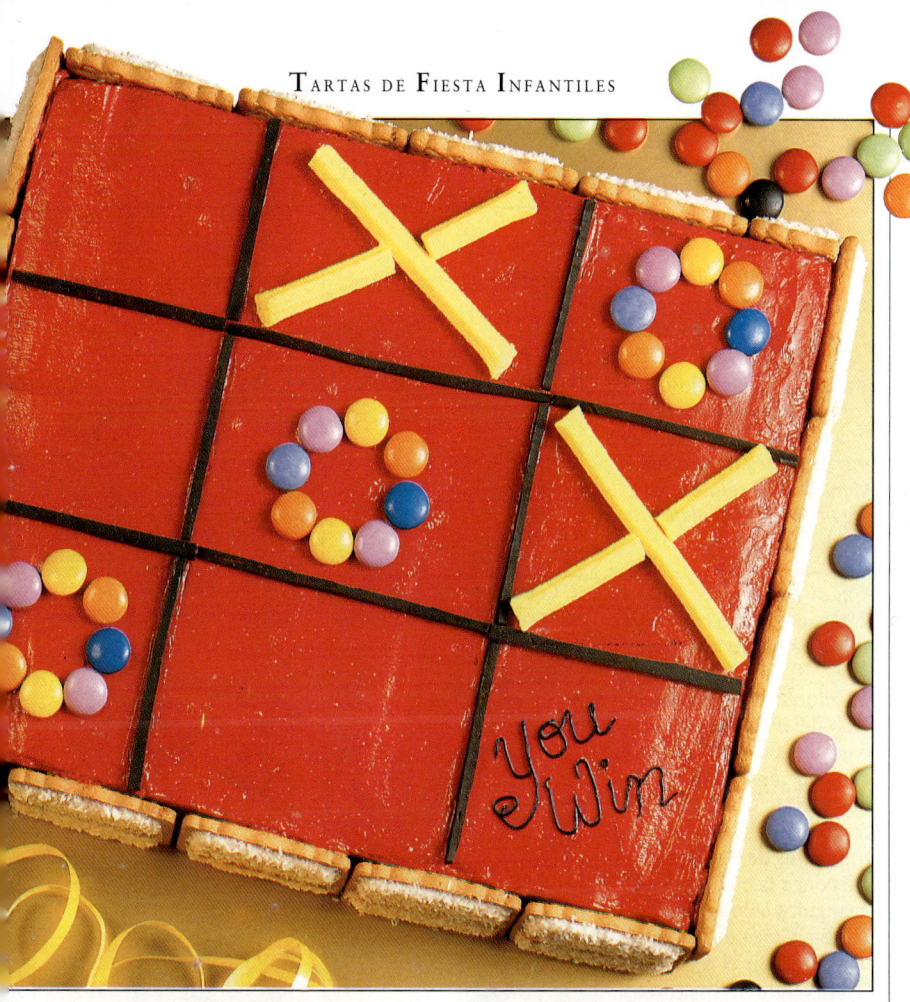

3. Decore las casillas con cruces de barritas y círculos de grageas de chocolate.

4. Como toque final, disponga las galletas por el borde del pastel.

61

Cometa blanca

1 placa forrada
2 bizcochos rectangulares de 30 x 20 cm
1 x glaseado esponjoso
colorante alimentario rojo
bolitas de colores
manga pastelera pequeña
palomitas de colores
2 galletas de chocolate redondas
golosinas variadas
1 m de lazo rizado
250 g de galletas con cobertura de bolitas de colores

1 Coloque un bizcocho al lado del otro y córtelos para obtener la forma de la cometa, como muestra la ilustración. Corte los trozos sobrantes en triángulos de 6 x 7 cm. Disponga la cometa y los triángulos sobre la placa.
2 Tiña ¼ taza de glaseado de rojo y deje el resto sin teñir. Cubra la superficie y los laterales de la cometa y de los triángulos con el glaseado blanco.
3 Esparza bolitas de colores sobre los triángulos.
4 Rellene la manga pastelera con el glaseado rojo y dibuje la boca. Decore la cometa con palomitas para el cabello, galletas y golosinas para los ojos, las cejas y la nariz, y el lazo para la cuerda. Por último, disponga las galletas por el borde de la cometa.

1. Corte los bizcochos para obtener la forma de la cometa.

2. Cubra la cometa y los triángulos con glaseado blanco.

3. Esparza bolitas de colores sobre los triángulos.

4. Dibuje la boca con el glaseado rojo y termine de decorar.

CONSEJO
Una idea genial consiste en preparar un pastel que refleje los intereses del niño, como por ejemplo un balón de futbol, una diana, un libro o una caja de pinturas. Las personas más ambiciosas podrían atreverse con una cámara fotográfica, un teléfono o un ordenador. Incluso podría intentar retratar al niño o representarle realizando su afición preferida. No tiene que quedar perfecto, únicamente asegúrese de que los colores del cabello y de los ojos sean acertados.

TARTAS DE FIESTA INFANTILES

TARTAS DE FIESTA INFANTILES

Índice

Arca de Noé 37

Bizcocho básico 2

Bruja Pirula 39

Caja sorpresa 15

Campo de fútbol 59

Casita de caramelo 51

Cometa blanca 62

Conejo sorpresa 48

Crema básica 3

Dados del abecedario 12

Dulce Dulcinea 41

Gato simpático 42

Glaseado esponjoso 3

Mentosaurio 52

Muñeca fantasía 26

Muñeco de nieve 35

Murciélago espeluznante 28

Nave espacial 32

Números del 1 al 10 16, 17, 18, 19, 20, 21, 22, 23

Oruga presumida 56

Osito de peluche 6

Parfait perfecto 44

Payaso 10

Perro callejero 47

Pirata 24

Ratón sonriente 55

Roberto el robot 31

Señor Huevo 9

Tambor 4

Tres en raya 60